AF267033

CHAMBRE DE COMMERCE DE LYON

— Séance extraordinaire du 28 Mai 1891 —

RÉCEPTION DE M. DE LANESSAN

GOUVERNEUR GÉNÉRAL DE L'INDO-CHINE

RAPPORT DE M. ULYSSE PILA

SUR SON SECOND VOYAGE D'ÉTUDES COMMERCIALES AU TONKIN

BANQUET

OFFERT PAR LA CHAMBRE DE COMMERCE DE LYON

LYON

IMPRIMERIE COMMERCIALE PITRAT AINÉ

4, RUE GENTIL, 4

1891

CHAMBRE DE COMMERCE

DE LYON

CHAMBRE DE COMMERCE DE LYON

— Séance extraordinaire du 28 Mai 1891 —

RÉCEPTION DE M. DE LANESSAN

GOUVERNEUR GÉNÉRAL DE L'INDO-CHINE

RAPPORT DE M. ULYSSE PILA

SUR SON SECOND VOYAGE D'ÉTUDES COMMERCIALES AU TONKIN

BANQUET

OFFERT PAR LA CHAMBRE DE COMMERCE DE LYON

LYON

IMPRIMERIE COMMERCIALE PITRAT AINÉ

4, RUE GENTIL, 4

1891

CHAMBRE DE COMMERCE

DE LYON

M. de Lanessan, Gouverneur général de l'Indo-Chine, ayant bien voulu accepter l'invitation qui lui avait été adressée et s'arrêter à Lyon, avant de s'embarquer à Marseille, la Chambre a tenu en son honneur une séance extraordinaire dans laquelle M. Ulysse Pila a rendu compte du second voyage d'études commerciales qu'il venait d'accomplir au Tonkin.

Cette séance a eu lieu le 28 mai dans le grand salon de la Chambre.

MM. les Sénateurs et les Députés du Rhône, M. le Gouverneur militaire de Lyon, M. le Préfet du Rhône, M. le Maire et MM. les membres du Conseil Municipal, M. le Président et MM. les membres du Conseil Général, MM. les Présidents et membres du Tribunal de commerce et des Conseils des Prud'hommes avaient été invités à cette séance ainsi que les membres des Chambres syndicales de patrons et des Chambres syndicales ouvrières des tisseurs et tous les électeurs, résidant à Lyon, de la Chambre de commerce.

Les Chambres de commerce de Saint-Étienne, Marseille, Tarare, Chambéry, Annonay, avaient également été conviées à se faire représenter à cette réunion.

A deux heures, M. Marius Duc, vice-président, suppléant M. Ed. Aynard, président, retenu à Paris pour ses devoirs parlementaires, prend place au bureau ayant à sa droite M. le Gouverneur général de l'Indo-Chine, à sa gauche M. Debolo, adjoint, représentant le Maire de Lyon, retenu par la maladie. M. le Général Raynal de Tissonnière, représentant M. le Gouverneur militaire, empêché, M. Gravier, secrétaire général pour l'administration, représentant M. le Préfet du Rhône, absent, M. Faye, président du Tribunal de commerce, prennent également place au bureau.

Derrière eux se rangent les membres de la Chambre.

M. Duc souhaite en ces termes la bienvenue à M. de Lanessan :

Monsieur le Gouverneur général,

Le premier sentiment que la Chambre de commerce de Lyon désire exprimer est celui de la vive gratitude qu'elle ressent envers votre personne pour la courtoisie qui vous porte à vous arrêter quelques instants au milieu de nous au moment même où vous allez vous dévouer tout entier à la noble tâche que le Gouvernement de la République française vous a confiée.

Le second sentiment qui se manifeste en nous est un sentiment de confiance dans le succès de votre mission, car ce n'est pas d'aujourd'hui que vous vous êtes épris d'une sympathie profonde pour les populations de ces vastes contrées que vous êtes appelé à gouverner. Vous n'arriverez point au milieu d'elles avec de séduisantes théories que l'imagination peut édifier dans le silence du cabinet, mais qui s'effondrent au premier contact des hommes et des choses, car vous avez fait un laborieux stage sur ces plages lointaines. Vous avez étudié sur les lieux mêmes les besoins, les mœurs et les aptitudes de leurs habitants et ces patientes observations vous ont inspiré un livre remarquable : *l'Indo-Chine française.*

Votre passé justifie ainsi notre confiance.

Vous avez pour objectif de simplifier les rouages administratifs et de consacrer à des travaux utiles les économies qu'il est permis d'attendre de cette réforme. Vous voulez, sans déroger à la prudence, attribuer ou conserver à l'élément indigène une large part dans l'organisation de la police intérieure et de l'administation, recruter sur place, dans la mesure du possible, les fonctionnaires et garantir leurs droits à l'avancement comme juste récompense des services rendus. En même temps que vous vous appliquerez à faire respecter les coutumes locales, vous assurerez la liberté du commerce et vous vous efforcerez de doter les fertiles contrées de l'Indo-Chine de cultures nouvelles. C'est là le programme qui se trouve tracé dans vos écrits et sa bienfaisante réalisation apparaît comme le plus sûr moyen de rallier à l'influence française les sympathies de nos nouveaux administrés.

Des vues aussi sages trouvent à Lyon un puissant écho, car nulle part en France les esprits ne sont mieux disposés à se préoccuper des questions coloniales et des entreprises lointaines et à coopérer à leur solution.

Cette affirmation semblera un paradoxe à quelques-uns.

Rien n'est plus exact cependant. N'est-ce pas, en effet, à des commer-çants lyonnais que revient le mérite de la prédominance du marché des soies de Lyon sur tous les autres marchés de l'Europe. Et comment cet événement commercial s'est-il accompli, si ce n'est par l'initiative hardie de ceux de nos compatriotes qui, depuis plus de trente ans, ont fondé des relations, des comptoirs et des usines sur divers points de l'Extrême-Orient, dans les Indes, en Chine, au Japon? Sans cette initiative, l'industrie des soieries en France eût faibli depuis longtemps devant la concurrence des fabriques étrangères.

Et dans ces dernières années, lorsqu'au Tonkin la pacification semblait prochaine, la première exploration commerciale accomplie dans cette nouvelle possession n'a-t-elle pas été entreprise par l'initiative et aux frais de la Chambre de commerce de Lyon qui a délégué dans ce but M. Brunat, Français établi dans l'Extrême-Orient depuis plus de vingt ans.

Il suffit enfin de rappeler le nom de M. Ulysse Pila, membre du Conseil supérieur des colonies et membre de la Chambre de commerce de Lyon, pour démontrer que l'esprit d'entreprise et les affinités vers les choses de l'Asie n'ont rien perdu de leur vitalité dans notre cité. Dans quelques instants vous entendrez le rapport de ce vaillant pionnier sur le récent voyage qu'il vient d'accomplir au Tonkin et son exposé donnera un nouveau relief au puissant intérêt qui s'attache à l'établissement d'un régime libéral dans l'Indo-Chine française et dans toutes nos colonies.

En tenant ses regards fixés sur les possessions les plus éloignées de la Métropole, en sollicitant pour elles les bienfaits d'une administration libérale et notamment cette liberté commerciale que nous réclamons pour nous-mêmes dans la Mère-Patrie, la Chambre de commerce de Lyon reste fidèle à ses traditions économiques. Récemment encore elle les affirmait lorsqu'à propos du régime douanier qui est en discussion devant le Parlement, dans ses réponses à l'enquête sur le régime économique, elle disait en faisant allusion aux colonies de l'Indo-Chine :

« Les nouvelles contrées de l'Asie soumises à l'administration française sont des pays de production avant tout ; elles pourront devenir, par la suite, des pays industriels et utiliser d'immenses capitaux français qui, de même que les capitaux anglais dans les Indes, trouveront une rémunération d'intérêts très profitable ; elles ouvriront en même temps un nouvel avenir à nos ingénieurs, à nos contre-maîtres, à nos employés de commerce. Ce sont là surtout les avantages que la France doit chercher dans ses entreprises lointaines, mais pour les obtenir il faut que ces pays puissent prospérer avec la liberté commerciale. »

Sous votre administration, Monsieur le Gouverneur général, un progrès considérable dans cette voie s'accomplira certainement. Le décret du 21 avril dernier a concentré dans vos mains des pouvoirs fort étendus ; ils n'y resteront pas stériles, et l'Indo-Chine française connaîtra des jours de paix et de prospérité après les heures d'hésitation et d'angoisses.

M. Duc, donne ensuite la parole à M. Ulysse Pila, qui s'exprime ainsi :

Monsieur le Président,
Messieurs et Chers Collègues,

En accomplissement du mandat que vous m'avez confié, j'ai l'honneur de déposer sur votre bureau mon rapport sur mon voyage en Indo-Chine.

Je me suis appliqué à vous représenter le plus simplement possible ce que j'ai vu, ce que j'ai observé, les remarques que j'ai faites sur l'état présent de notre situation en Annam et au Tonkin, et je me permettrai d'ajouter ce que, à mon humble avis, je considère d'utile à faire pour mener à bien l'entreprise de la France en Indo-Chine.

Mon programme, Messieurs, vous paraîtra peut-être prétentieux quand je me permets d'avancer que je vous dirai ce que j'ai pensé.

C'est que, depuis que je parcours les grands pays d'Asie et d'Extrême-Orient, depuis longtemps déjà, j'ai toujours été frappé d'une grande pensée : c'est que ces immenses pays étaient faits, étaient prêts pour un grand développement commercial, qu'ils seraient le champ d'action de la fin de ce siècle et du commencement du siècle prochain, que là, sans aller à la recherche, à la découverte d'un inconnu, tout était préparé.

Je ne me suis pas trompé. Dans chacun de mes voyages distancés, j'ai trouvé des progrès gigantesques et sans m'attarder dans des détails, il me suffira de vous rappeler qu'en très peu de temps, vingt ans à peine, le Japon s'est transformé et est devenu européen dans son trafic, Shanghaï, Hongkong, Singapore, Saïgon sont devenues de grandes et belles cités très peuplées. Les ports de Shanghaï, Hongkong, Singapore ont pris les premiers rangs dans le classement des ports du monde comme mouvements de navires.

Le trafic du charbon, ce miroir du commerce et de l'industrie, a atteint, dans ces trois ports, le chiffre de 2.400.000 tonnes, alors qu'il y a vingt ans, il n'était que de 600.000, et il y a dix ans de 1.400.000.

Hélas, la France, préoccupée de mille autres soucis ou satisfaite de succès qu'elle avait d'autre part, a fermé les yeux sur ce grand événement ou n'y a pris qu'une très faible part.

Mais l'extension coloniale n'est pas à son apogée. Il y a place encore. Nous pourrons prendre une grande revanche et c'est l'Indo-Chine que le hasard a mise dans nos mains qui peut nous en fournir l'occasion.

Une autre pensée, Messieurs, a frappé mon esprit depuis longtemps aussi et je vous l'ai exposée en d'autres lieux. C'est qu'au milieu de l'évolution économique qui frappe l'Europe, en face de la lutte pour la vie avec laquelle chaque peuple se trouve aux prises, avec l'élévation de notre niveau intellectuel par l'instruction, notre champ d'action est devenu trop étroit. Il faut sortir de notre enceinte. Je ne prononcerai pas le mot d'extension coloniale qui choque, mais je dirai que l'expansion du commerce, de l'industrie et de l'intelligence française au dehors s'impose à nous. C'est une nécessité absolue. Qu'on le veuille ou qu'on ne l'approuve pas, le fait doit s'accomplir et bien avisés et sages sont les hommes d'État qui en préparent les moyens.

Nul pays au monde ne se prête à la satisfaction de ce besoin, de cette nécessité plus que l'Indo-Chine dont je vais vous parler.

Je ne vous renouvellerai pas des descriptions superflues ; l'histoire du

Tonkin et l'entreprise de la France dans ces pays sont connues de tous. La valeur du pays n'est ignorée de personne. On peut être en désaccord sur la manière de procéder dans le passé, sur la manière de procéder à venir, mais en dehors de cela, il n'y a plus que des esprits inquiets, aigris qui dénient au Tonkin sa valeur et son avenir. Pas un qui ne revienne de ces contrées, civil ou militaire, résident ou passager, qui ne proclame les richesses qui s'offrent à notre exploitation.

Notre Chambre de commerce, toujours pleine d'initiative, n'employant son expérience et ses ressources qu'au bien public, a été la première à les indiquer.

La première et la seule de toutes les Chambres en France, elle eut la bonne pensée, dès 1885, en pleine période de conquête, d'envoyer une personnalité compétente pour explorer le pays ; elle eut la main heureuse dans son choix : M. P. Brunat, presque Lyonnais, si sympathique à nous tous, qui, par son travail et son savoir, a rendu indirectement de si grands services à la fabrique lyonnaise, fut désigné.

Je relisais ces jours-ci son rapport. Il est frappant de vérité. On aurait à l'écrire aujourd'hui, cinq ans après, on ne décrirait pas autrement l'avenir réservé au pays.

Mais tout en rendant justice au travail, au talent, à la perspicacité de l'envoyé de notre Chambre, je dois rendre aussi justice au pays qui parle de lui-même et qui, dès les premiers jours où l'on a mis pied sur son sol, attire la confiance.

Ayant été entraîné moi-même à prendre des intérêts dans le pays, jugeant que l'on ne pouvait bien diriger que ce qu'on avait vu, je me rendis à mon tour pour la première fois au Tonkin en 1886.

Hélas ! je trouvai à mon arrivée le pays bien ému, bien troublé. Son chef, celui qui avait pris charge de l'organiser, de le mener à bien, venait de mourir. Le regretté Paul Bert n'était plus !

Mais son œuvre avait déjà pris racine. Aussi le pays subit vaillamment cette première épreuve et ne périt pas. Il se montra à mes yeux tel qu'on me l'avait décrit. Pionniers français et asiatiques arrivaient en nombre ; chacun apportait son intelligence, son savoir et son capital à la construction de l'édifice colonial. L'œuvre de pacification était presque complète. Je pouvais librement voyager dans tout le delta sans crainte, ni précautions. La confiance renaissait, le paysan revenait aux champs et dans un rapport à la Société d'économie politique, je croyais pouvoir dire à mon retour : « La France tient là un des plus grands éléments de travail qu'elle ait eus en mains depuis longtemps. »

Cinq ans s'étaient écoulés depuis lors, et frappé de l'état stationnaire du pays, inquiet des avis que je recevais, alarmé même pour les intérêts qui m'étaient confiés, j'ai voulu revoir ces contrées et me rendre compte de mes yeux des faits et des causes qui, en si peu de temps, avaient pu occasionner tant de troubles et de déceptions : était-ce réalité ? L'avenir était-il déjà compromis, ou était-ce exagération ? et dès les premiers jours de cette année, je me trouvais au Tonkin.

Hélas! Messieurs, il ne me fallut pas longtemps pour me convaincre de la réalité! Le pays était plongé dans de grandes inquiétudes ; de grands malheurs le frappaient. La sécurité faisait totalement défaut. En plein delta, à quelques kilomètres des grandes villes, on ne pouvait s'aventurer sans escorte. La piraterie avait une organisation complète, menaçante. Aussi le commerce, à peine né, était expirant. Nos colons commerciaux, tant français qu'asiatiques, désespérés et épuisés d'efforts, se retiraient et moi-même j'étais résolu, en rentrant, à dire à mes amis : « Retirons-nous aussi ! »

Les grands marchands chinois rentraient à Hongkong avec leurs capitaux, ne laissant que de simples représentants s'approvisionnant, de semaine en semaine, pour les besoins du jour.

Que s'était-il donc passé en si peu de temps pour compromettre de pareilles espérances, presque déjà réalisées et pour plonger le pays dans un tel désordre ?

Je me hâte de vous dire, Messieurs, que si, dans l'exposé que je vais vous faire de ma manière de voir les choses, je me montre parfois sévère, ce n'est point par esprit de parti pris, de critique ou d'intérêt personnel. J'ai vu et je reconnais que l'administration a été aux prises avec les plus grandes difficultés et que, en tout temps, elle a agi comme elle a pu faire : uniquement pénétrée de l'idée d'arriver à bien pour l'intérêt du pays.

Cet acte de déférence rendu, je me sens à l'aise pour vous parler avec toute liberté d'esprit.

La Métropole a eu le grand tort de considérer l'entreprise de l'administration ou du protectorat d'un grand pays de dix-huit millions d'habitants comme une quantité négligeable, de ne s'en occuper qu'à bâtons-rompus, au jour le jour, réglant elle-même les difficultés chaque fois qu'elles se présentaient, le plus tardivement possible, étant presque effrayée de les voir venir, n'ayant en un mot aucune résolution, aucun plan d'action général où chaque chose soit à sa place et chaque étape marquée prévue d'avance ; ayant la prétention de diriger elle-même de

Paris, point par point, les faits et gestes d'un pays à quatre mille lieues de distance.

De là, une série d'ordres et de contre-ordres, de décrets et de contre-décrets, changement constant de système et de personnel, extension et restriction de pouvoirs, une vraie confusion à laquelle personne, administrateurs et administrés, protecteurs et protégés ont fini par ne plus rien comprendre.

De là, un état difficile, un surcroît de dépenses épuisant les ressources du pays et les gaspillant au détriment des travaux publics si nécessaires pour la sécurité et le bien des colons.

De là, cette lutte intestine, ce malentendu constant entre les pouvoirs civils et militaires.

De là, un recrutement de personnel tout à fait insuffisant, pris un peu au hasard, suivant les circonstances et les influences.

De là, l'insouciance, l'indifférence de ce personnel quant à l'avenir et au but à atteindre.

De là, l'incertitude, l'hésitation des peuples à qui nous étions sensés apporter une bonne administration. La cour de Hué troublée et inquiète, nous regardant faire. Le mandarin du Tonkin n'osant plus se compromettre avec nous et entraîné à conspirer souvent.

Par ces fautes, notre œuvre politique et commerciale a été suspendue. Le désordre et le brigandage ont pris force dans le pays.

Je vous ai dit tout à l'heure que, en 1837, le pays au contraire entrait alors dans une ère de tranquillité, que la paix était aux champs, que le travail renaissait et que le commerce traçait ses voies.

A ce même moment, en France, des esprits se croyant bien inspirés, agissant avec patriotisme et conscience, au nom de l'intérêt de la métropole, crurent bien faire en demandant aux pouvoirs publics l'application du tarif général à nos nouvelles possessions, cherchant à assurer à l'industrie française la possession exclusive de leur marché.

Sans réflexion, sans connaissance des choses et des lieux, sans consultation des parties intéressées, la proposition fut votée avec acclamation. Mais en même temps, hélas! c'était le malheur qui devait frapper le pays et le plonger dans l'état où il est, qui était voté avec acclamation.

En cherchant à doter, par la protection, quelques rares industries françaises non préparées à satisfaire aux besoins du pays, on arrêtait l'essor de nos dévoués pionniers qui seuls étaient autorisés à réclamer une vraie protection, et cette protection pour eux, c'était le laisser-faire, la liberté commerciale. Pour satisfaire quelques intérêts privés, quelques convoitises, on renchérissait l'existence de peuples auxquels nous étions sensés apporter l'ordre et l'économie.

Pour créer quelques ressources à l'administration locale par la fiscalité des douanes, on tuait la poule aux œufs d'or. Car un pays aux limites de terre et de mer aussi immenses étant impossible à garder, c'est la contrebande que nous créions nous-mêmes, industrie naturelle et facile pour les peuples asiastiques qui environnent le Tonkin. Dans un peuple aussi nombreux que la Chine, il y a des déshérités de ce monde qui sont contrebandiers, qui naissent contrebandiers ; or qui dit contrebandier dit voleur, assassin, pirate.

Le vrai moyen pour éviter, pour combattre ces pirates, c'était de leur enlever l'élément de leur métier, et nous au contraire nous nous sommes appliqués à le leur donner.

Les populations asiatiques et plus particulièrement celles du Tonkin et de l'Annam sont des populations sans fortune, vivant du produit de leur champ, sans luxe ni besoins, ayant des mœurs et des coutumes enracinées de siècle en siècle. Vouloir les forcer tout d'un coup à modifier ces coutumes, à changer ces besoins, c'est vouloir les heurter.

Chez un peuple pauvre, sans besoins ni luxe, les deux grands éléments de commerce sont les produits d'existence et de vêtement.

L'existence repose sur des produits asiatiques qui s'échangent entre pays voisins ; nous ne pouvons pas avoir la prétention de convertir ces peuples-là à nos habitudes d'alimentation.

Pour le vêtement, c'est la soie produite par le pays qui fait l'habit de la classe aisée et c'est le coton qui couvre le pauvre.

Comme jadis chez nous, pour d'autres textiles, le coton se file dans la maison, et presque dans chaque maison de l'Annam et du Tonkin se trouve un métier primitif où se tisse la cotonnade nécessaire aux besoins de la famille. Le coton produit dans l'Annam et le Tonkin ne suffisant pas aux besoins du pays, ce sont les cotons étrangers filés, les meilleur marché qui soient au monde et les plus gros numéros qui forment l'appoint, et l'on voit, les jours de marché, le paysan venir acheter son paquet, ses trois paquets de coton, juste ce qu'il lui faut pour ses besoins du moment ; jadis, c'étaient les cotons anglais, aujourd'hui ce sont les cotons filés des Indes, de Bombay, que non seulement notre industrie ne pourrait livrer qu'à un écart de prix énorme, mais qu'elle ne peut même pas produire.

Alors, pourquoi apporter le trouble dans la vie intérieure de ces gens-là ? Pourquoi leur enlever le produit auquel ils sont habitués ou le leur vendre 20, 25 0/0 plus cher ? Pourquoi enlever le travail à ce tisserand qui, retenu par sa tâche dans la maison, vit honnêtement, mais qui, sans travail, devient contrebandier et pirate le lendemain ? Pourquoi enlever à nos nationaux là-bas le champ d'action et de travail qui est le plus propice à leur expansion et à leur fortune ? N'ont-ils pas assez de peines et de sacrifices à faire sans leur en imposer davantage ?

Est-ce ainsi que nous devons entendre la colonisation ? Est-ce ainsi que nous nous ferons aimer des peuples que nous cherchons à diriger ?

Si j'ai pris, Messieurs, le coton comme exemple, c'est qu'il est le plus frappant exemple et qu'il représente un élément primordial du commerce.

Il a toujours été dit que le Tonkin et l'Annam pourraient être par excellence des pays industriels et que c'est en cela peut-être, sans aucun doute même, que la France pourrait un jour y trouver le plus grand profit.

Tous les éléments du sol sont propices à l'industrie ; la population est laborieuse. Les textiles et tous les minerais possibles s'y trouvent. Mais évidemment, il y a un premier outillage à créer, machines à décortiquer le riz, à le distiller, filatures de soie, de coton, de jute, etc., etc., machines à extraire, à broyer le minerai, etc., etc.

Pour tous les engins dont la France à la spécialité et qu'elle peut produire à bon marché, que l'on cherche à leur assurer la préférence, soit, mais pour tous ceux qui se font mieux, moins chèrement et spécialement à l'étranger, pourquoi imposer à nos colonies l'obligation envers et contre tous, de supporter des droits qui absorbent 1/10, 1/5 de leur premier capital déjà si difficile à trouver ? Est-ce là ce qu'on appelle faciliter le transport de notre surplus de force et d'intelligence à l'étranger ?

Eh bien, Messieurs, à côté de quelques erreurs administratives, surtout celle d'avoir eu la prétention de diriger de Paris ce vaste domaine, une des plus grandes causes qui ont arrêté l'essor de notre implantation en Indo-Chine est de lui avoir imposé un régime économique qui l'étouffe dans son œuf et qui a amené le désarroi dans le trafic indigène.

Mais une faute bien plus grande encore a été commise.

La parcimonie des Chambres, la répartition injuste des charges, la négligence à former un capital de premier établissement ont forcé l'Administration locale à se créer des ressources sur place, en cédant, vendant, affermant toutes les branches du commerce qu'elle avait sous la main, en rendant ainsi le pays tributaire de monopoles, mesure vexatoire au premier chef. Ici encore je ne m'attacherai qu'aux faits les plus importants et vous parlerai de la ferme de l'opium et de la régie de la cannelle.

Ne vous effrayez pas, Messieurs, de ce mot « opium ». Tous les peuples du monde ont leurs qualités, leurs défauts et leurs passions. N'avons-nous pas les nôtres, ici-même, au sommet de la civilisation? Eh bien, en Asie, fumer l'opium est, par nécessité de climat ou par passion, un des vices asiatiques innés, incarnés du pays. Vouloir le supprimer est chose impossible. Le seul devoir du législateur est alors d'essayer de le réglementer, sous la forme la plus propice, de l'endiguer en le renché-rissant, et d'en tirer les plus grandes ressources financières possibles.

Avant notre arrivée en Annam et au Tonkin, l'opium était, à son entrée dans le pays, sujet à un énorme droit de douane; c'était le revenu royal. Puis il circulait librement et était l'objet d'un grand commerce. Dans les provinces, les fumeries d'opium étaient en fermage et, la plu-part du temps, le mandarin était le vrai fermier; c'était le revenu pro-vincial. C'est ainsi que Paul Bert trouva les choses et il ne les modifia qu'en diminuant sensiblement le droit de douane pour enlever toute marge sensible à la contrebande. Aussi, dès 1886, ce revenu de douane produisit-il une somme d'environ 1.100.000 francs.

Le successeur de Paul Bert, voulant s'assurer des recettes fixes et un budget certain, mit en fermage total pour quatre ans le monopole d'impor-tation et de vente de l'opium. Ce contrat vient d'être modifié et moyen-nant une redevance de 500.000 dollars, soit 2 millions de francs, l'ad-ministration a concédé de gré à gré ce monopole pour une durée de dix années. Ce n'est point au Tonkin que ce contrat a été signé, car l'Administration locale dans son entier y était hostile, mais à Paris.

Eh bien, ce mode de fermage qui dans tout autre pays peut être bon, se trouve, à l'expérience, être au Tonkin le moyen fiscal le plus désas-treux et le plus fatal qui puisse exister, parce que le Tonkin étant limitrophe de pays cultivant le pavot, comme le Yunnam, et pouvant le produire, comme les provinces chinoises de Quang-Sé et de Quang-Toun (en effet, depuis la ferme d'opium ces deux provinces se mettent à produire le pavot), cette drogue est devenue l'objet de la plus vaste contrebande.

Le premier coût de l'opium est de 2 francs l'once de 37 grammes 1/2; ce prix, augmenté des droits de fermage, du profit de la Ferme et du détaillant, fait ressortir l'opium à la consommation au prix de 8 francs l'once. Eh bien, étant donné que, sous un petit volume, il a un si grand prix, qu'entre le prix de revient net et le prix de vente il y a un si grand écart, qu'il se produit dans les pays voisins, que le Chinois est le plus grand, le plus habile contrebandier du monde, que la surveillance, la garde des frontières et des côtes est impossible, ne pouvons-nous pas dire que c'est nous-mêmes qui avons donné une prime à la contrebande, que c'est nous-mêmes qui avons attiré ces contrebandiers, ramassis de gredins qui ne marchent qu'en bandes, les armes à la main, et que c'est contre ces gens-là que nos soldats ont le plus à se défendre?

Il y a bien parmi leurs chefs quelques patriotes qui se battent pour leur indépendance, quelques mandarins déshérités qui ont subi les conséquences et les injustices inévitables en temps de guerre; mais les trois quarts ne sont que des contrebandiers. Ils marchent par bandes de cent à deux cents, puis au moment d'un coup décisif ils se groupent; c'est ainsi que, dans la bagarre de Cho-Bo, ils étaient six cents et à Yenthé, dans le siège qu'il a fallu leur livrer ils étaient douze cents. Puis ils se débandent et ne vivent que de pillage et surtout de contrebande.

On en trouve la preuve dans toutes les rencontres; si on les extermine, on surprend le stock de marchandises de contrebandes et plus particulièrement de l'opium; si l'on traite avec elles, c'est la liberté de commerce de l'opium qui est la pierre d'achoppement.

Et savez-vous ce que ces contrebandiers traitent en retour de l'opium, comme articles d'échange? car il n'y a point d'argent parmi eux; des buffles très recherchés pour le labour en Chine, et des femmes, des filles qui y sont aussi très en faveur.

Il faut dire la vérité, elle est là; et c'est nous, par notre imprudence, qui avons engendré ce déplorable état de choses qui, en 1887, n'existait pas.

Et jugez, Messieurs, les tristes conséquences des mesures prises sans réflexion ou sans connaissances approfondies des choses et des lieux. Tout d'abord, la Ferme est impopulaire chez les indigènes au plus haut degré.

Le commerce avec le Yunnam est un commerce basé surtout sur le troc. Le pays n'a pas d'argent. Il donne du thé, des plantes médicinales, du cuivre, de l'étain et il pourrait donner de l'opium; en échange il prend des cotonnades surtout, des objets d'alimentation de toutes sortes et principalement du sel. Plus on lui prend de ses produits, plus son échange est grand avec ceux du Tonkin.

L'opium étant son produit le plus précieux, représentant la plus grande valeur d'échange et ne pouvant pas entrer à cause du monopole de la Ferme d'opium, le commerce avec le Yunnam se trouve fatalement barré, et l'opium rentre en contrebande pour un trafic illicite.

D'autre part, pour obtenir de la Ferme un prix élevé de fermage, il a fallu lui donner certains privilèges, certaines garanties. Ainsi on l'a garantie contre la contrebande, sujet inépuisable de contestations.

On lui a donné le droit de perquisition à domicile et alors on a vu la police secrète de la Ferme, s'introduisant dans des maisons indigènes, trouvant la fraude ou l'inventant pour toucher une prime. De là, désordres, châtiments, réprésailles ou vengeances.

Est-ce ainsi que nous arriverons à nous faire, sinon aimer, du moins tolérer ?

Mais voici qui est bien plus fort encore et qui nous touche de plus près. La Ferme a droit de visite à bord des vapeurs entrant dans les ports, et le navire qui transporte des bagages ou des marchandises contenant de l'opium embarqué en fraude est responsable, oui, responsable lui même ! de cette fraude avec une forte pénalité au profit de la Ferme d'opium.

Durant mon séjour, j'ai eu connaissance d'une prise à bord des *Messageries Maritimes* pouvant entraîner une pénalité de 80.000 francs pour le navire. Bien entendu, on s'est gardé de soulever cette prétention; on savait que les Messageries Maritimes n'auraient jamais reconnu la légitimité d'un tel privilège.

Mais ce que la Compagnie des Messageries était en droit et en mesure de tenter, une personnalité, un petit armateur n'oserait pas le faire. Aussi mes efforts ont-ils bien souvent échoué quand j'ai voulu attirer dans ces ports de petits vapeurs caboteurs qui m'ont tous répondu : « Comment voulez-vous que nous courions les risques d'un port qui n'est qu'embûches et entraves? »

Voilà, Messieurs, le plus grand malheur du Tonkin, celui contre lequel nous avons le plus à lutter. La Ferme de l'opium, par son organisation, est un État dans l'État et la cause primordiale de la mort de bon nombre de nos soldats; de même que le tarif général est la mort du commerce.

Depuis mon arrivée, au Conseil supérieur des colonies réuni ces jours-ci, j'ai développé ce triste état de choses et j'ai demandé comme acte de bonne administration, comme acte d'équité et de justice envers nos nationaux, comme raison d'État aussi, que la liberté commerciale la plus grande possible soit accordée au pays, et attirant l'attention du Conseil supérieur sur la nouvelle direction politique qui venait d'être prise, j'ai dit : « Le Gouvernement vient, à juste titre, de donner au nouveau Gouverneur général des pouvoirs absolus civils et militaires; donnez-lui ces pouvoirs commerciaux. Sans ces derniers, les premiers pourront être infructueux. Laissez, Messieurs, ai-je dit, laissez le Gouverneur juge d'apprécier ce qui convient le mieux à l'avenir du pays et ce qui peut le mieux venir en aide à ses finances. »

A une imposante majorité, le Conseil a décidé d'ajourner toute décision aux questions qui lui étaient posées jusqu'à ce que les Conseils locaux compétents aient été consultés.

Mais on nous a dit que la Chambre passerait outre et en effet l'annexe E a été ajouté au tarif général maximum et minimum présenté en ce moment à la discussion des Chambres, et qui pour le principe peut être voté en bloc.

Je ne puis croire à cette menace et j'appelle ici, Messieurs de la Chambre de commerce de Lyon, votre haute intervention. Car ne pas attendre l'avis compétent du Gouverneur général dont la politique est en jeu, ne pas tenir compte des *desiderata* des représentants du pays, si nettement et fortement exposés serait commettre une mauvaise action envers nos soldats dont le régime actuel expose la vie tous les jours.

Pour le commerce de la cannelle, c'est d'une tout autre façon que l'administration a procédé.

La cannelle est l'article du commerce le plus important et le plus riche qui soit en Annam. De toutes les cannelles du monde, celle de l'Annam est la plus estimée.

Quelques sortes mêmes dites « Royales » sont uniques, d'un prix très élevé, et employées, avec superstition presque, dans la médecine chinoise. Elles se trouvent en Annam même, dans la province de Tan-Hoa.

Les autres, plus ordinaires, se cueillent sur la frontière Annam-Moïs et sont entre les mains des Moïs.

Le débouché de cette cannelle indo-chinoise est en Chine, sur le marché de Hongkong; ce sont les Chinois qui en ont le trafic.

En Annam, les deux villes chinoises principales pour ce commerce sont : Fee-Foo, comme port (près de Tourane), et l'autre Trami, à la proximité des régions Moïs, et c'est à Trami que les transactions se font.

Comme je l'ai démontré pour bien d'autres points de l'Indo Chine, là encore il n'y a point d'argent et le commerce se fait par l'échange. Les Chinois apportent des cotonnades, des cotons filés, de l'opium, des objets de culte et surtout de la ferblanterie, des ustensiles de cuisine; en retour ils prennent l'écorce du cannelier.

Après cela, en hommes experts, les Chinois trient cette cannelle, la classent d'après son parfum et sa force, puis elle est séchée, empaquetée, traitée avec tous les soins qu'exige une matière si précieuse et dirigée sur Fee-Foo, le port dont je viens de parler, payant à la douane un droit de sortie.

C'est ainsi que les choses se passaient jusqu'en 1889. Mais alors, l'Administration française eut l'idée malheureuse de chercher à puiser, dans ce commerce, l'un de ses plus gros revenus, en l'accaparant, en en décrétant le monopole pour lui. Lui seul serait l'acheteur et le ven-deur, en usant de sa force et de son autorité pour acheter le meilleur marché possible, et de son monopole pour la vendre au prix le plus haut. C'est la douane qui fut chargée de cette entreprise de régie. Elle dut, en toute hâte, recruter, comme elle le put, un personnel européen de préposés et l'on vit de simples gardes de postes militaires devenir marchands. Il fallut construire des dépôts, acheter les articles d'échange; en un mot, la douane dut devenir une véritable maison de commerce improvisée.

Avec l'expérience que vous avez, Messieurs, des affaires, il serait presque superflu de vous narrer le triste résultat qui attendait une entre-prise si peu raisonnable. Mais, comme elle dépasse tout ce que l'esprit peut imaginer comme conséquences funestes, je dois vous en présenter le détail.

Le personnel de la douane, recruté à la baguette magique, fut au-des-sous de sa tâche. Il opéra souvent avec vexation dans cette spoliation du commerce indigène.

Les Chinois dépossédés se retirèrent de Trami et ceux de Fee-Foo retournèrent à Hong-Kong. Au moment de mon passage en Annam ces deux villes qui avaient été très habitées et prospères jadis, rendant de grands revenus d'impôts et de consommation, n'étaient plus que des villes mortes.

Les marchandises d'échange ayant été achetées sans méthode, sans compétence, furent d'un coût élevé et mal assorties. Les Moïs, ne pouvant se faire comprendre, effrayés des procédés employés, dérangés dans leurs vieilles coutumes, se tinrent sur la réserve et ne firent la taille de la cannelle que dans une très petite proportion.

La minime quantité qui fut achetée par la Régie inexpérimentée fut traitée sans connaissance de l'article, les qualités mélangées, mal préparées, mal conservées, dépréciées sur le marché de Hong-Kong et même délaissées. Aussi, au moment de mon départ du Tonkin, lisait-on à la quatrième page des journaux un appel désespéré de l'Administration au commerce pour la réalisation de son stock, mais sans trouver d'écho.

Quels ont été les résultats de cette ingérence administrative dans le commerce, de cet accaparement d'un produit par régie? Une récolte perdue ; les Moïs producteurs aigris par leurs pertes ; les Chinois se retirant ; deux villes heureuses devenues désertes ; une année de revenu naturel des douanes perdue ; perte sur les produits d'échange mal achetés ; désastre sur la cannelle accumulée, invendue encore ; commerce désorganisé, etc., etc. ; comment chiffrer tout cela? Ce sont des centaines de mille piastres au vent !

Mais la plus effrayante des conséquences, c'est que les Moïs, dérangés ainsi de leur commerce naturel, sont descendus sur l'autre versant de leur plateau et ont essayé de porter leurs produits sur le marché de Bangkock (Siam) où ils ont été reçus avec empressement ; et, en effet, pour la première fois, il arrivait à Hong-Kong pendant que j'y étais, et au grand étonnement du commerce local, 100.000 kilogrammes de cannelle de l'Annam *via* Bangkock.

Eh bien, après ces deux expériences si malheureuses de l'opium et de la cannelle, la première faisant couler le sang, la seconde ruinant un commerce prospère, nos nationaux qui ont supporté ces épreuves avec tant de résignation, n'ont-ils pas le droit dire hautement que le plus grand ennemi de l'Annam et du Tonkin a été le régime fiscal et l'inexpérience de l'Administration ?

Que la plus grande liberté commerciale leur soit donnée, que le tarif des douanes soit ramené au niveau des grands ports voisins de la Chine, et l'extension du commerce dédommagera doublement le fisc et le trafic se développera.

Que le pays soit débarrassé de la Ferme de l'opium, la vie de 50 pour 100 de nos pauvres soldats sera épargnée, et la tranquillité, en grande partie, rendue au pays. Cette dernière réforme qui s'impose coûtera aujourd'hui une obole ; dans deux ans d'ici, elle représentera une fortune que le Protectorat ne pourra pas acquitter.

Car du jour où la pacification du pays sera acquise, ce n'est pas 2.000.000 de francs que l'opium rendra à la France, mais 5.000.000 de francs. Si au contraire, on n'arrive pas à la pacification complète, la Ferme, par son contrat (art. 8), a toujours le droit d'en rendre le Protectorat responsable et alors l'Administration se trouve acculée.

Si je reviens, Messieurs, frappé de l'état présent du Tonkin, si je viens de vous le représenter sous un jour si triste, je ne suis point découragé pour cela ni désespéré de son avenir. Au contraire, ce que j'ai vu de ses forces et de ses richesses me donne plus de confiance encore.

Une série de fautes ont été commises, une expérience était à acquérir. Tout est à recommencer au point de vue administratif, il s'agit enfin de savoir si, à notre domaine colonial de 8.700.000 habitants aujourd'hui clairsemé dans le monde, nous pouvons et voulons joindre 18.000.000 d'âmes de plus que nous avons pris charge d'administrer et si nous saurons les administrer. Et alors quand je vois l'acte viril que le Gouvernement vient d'accomplir, le choix qu'il a fait d'un homme rompu à l'étude des questions coloniales tel que M. de Lanessan que j'ai l'honneur de connaître depuis longtemps et que j'ai, pour ainsi dire, vu à l'ouvrage, et les pouvoirs tant désirés qui lui ont été donnés, je reprends espoir et confiance.

Peu à peu, un meilleur personnel administratif plus apte, mieux préparé aux colonies se formera; et à ce sujet permettez-moi, Messieurs, de vous rappeler que, dans votre séance du 12 mars 1890, vous vous êtes occupés de la question de l'école coloniale de Paris, institution récente, créée par décret du 25 novembre 1889.

Cette école, dite destinée à former des administrateurs pour toutes les parties de notre empire colonial, a comme privilège l'attribution des trois quarts des places de début aux colonies et dans l'administration centrale pour les élèves diplomés de cette école qui choisiront eux-mêmes ces places dans l'ordre de classement de leur diplôme de sortie.

Vous avez alors émis l'avis :

1° Qu'il y avait dans cette espèce de monopole, de privilège réservé à cette école, quelque chose d'absolument contraire aux principes de liberté et de démocratie qui régissent aujourd'hui notre société.

Qu'il y avait déjà nombreuses écoles, supérieures mêmes, sous le patronage souvent de Chambres de commerce qui ont aidé à les créer, ayant un programme complet d'études sur les questions coloniales et que c'était leur créer une concurrence inégale, les exclure presque, alors qu'elles n'ont point démérité ni démontré leur insuffisance.

Qu'on ait ajouté par surcroît une école spéciale, coloniale, patronnée même par la Métropole, rien de mieux ; mais sans autre privilège et au même rang que les autres écoles ;

2° Que c'était un grand danger que d'admettre d'emblée dans la carrière, d'imposer même à la colonie des jeunes gens, dès l'âge de vingt, vingt-deux ans, qui au sortir d'une école coloniale, plutôt une école de premier degré qu'une école d'application, vont immédiatement après leur diplôme, sans autre expérience que le stage scolaire qu'ils auront fait à Paris, jouir d'une place à leur choix sans que la solidité de leur vocation et la réalité de leurs aptitudes pratiques aient été suffisamment vérifiées et éprouvées.

Qu'il y avait là un grand danger et que le besoin d'une telle école dans de semblables conditions ne se faisait nullement sentir ;

3° Qu'au contraire, ce qui serait préférable, ce serait la création d'une véritable école supérieure coloniale préparatoire et d'application plus spécialement pour l'Indo-Chine, où les jeunes gens sortant des écoles spéciales désignées plus haut, y comprisladite école coloniale, eussent pu rentrer après concours, par analogie avec ce qui se passe déjà pour les écoles supérieures ou d'application préparatoires à toutes les autres carrières de l'État, que la vraie place de cette école supérieure était au centre de l'Indo-Chine et non à Paris.

Que c'est en effet seulement sur place et dans l'exercice effectif de ses fonctions que peuvent s'apprécier exactement l'aptitude spéciale et la valeur d'un homme. Que jusqu'à cette épreuve l'Administration ne devait prendre avec lui aucun engagement définitif.

Eh bien ! Messieurs, je me suis occupé, dans mon voyage, de cette question étudiée par notre Chambre. J'ai consulté les plus grandes autorités compétentes du pays de l'Indo-Chine et j'ai reconnu que votre appréciation était partagée par elles, que les Conseils locaux n'avaient jamais été consultés sur l'opportunité de cette création d'une école primaire coloniale, que l'école des stagiaires, créée en Indo-Chine vers 1872, n'avait donné que de bons sujets, que les rares administrateurs qui président en ce moment aux affaires sortent de cette école. Que si l'on avait eu la patience de supporter un certain temps encore les quelques inconvénients des institutions nouvelles dans les colonies, cette école de stagiaires conservée eût été une pépinière de maîtres et la fortune administrative présente du Tonkin.

Que sans consultation préalable, en un trait de plume, on l'a supprimée, qu'aujourd'hui au contraire, sa reconstitution s'imposait.

Voilà où peut se trouver un jour le remède au mal du personnel administratif que je vous ai décrit plus haut : La création d'une école de stagiaires en Indo-Chine !

Au milieu de tout le désordre que je viens de vous exposer, la colonie, réunion d'hommes énergiques et intelligents ne s'est pas tout à fait abandonnée. Elle a lutté sans désespérer du succès ; elle a travaillé sans relâche à mettre à nu les richesses du pays.

Les mines si longtemps mises en doute sont aujourd'hui trouvées et connues.

Celles de la houille, représentent des gisements presque inépuisables qui chiffrent leur contenance par millions de tonnes ; mais là n'est que la première partie. C'est l'œuvre d'études. Il faut chercher les nombreux filons, outiller l'extraction, creuser, puiser, fouiller où se trouve la vraie et bonne qualité commerciale marchande. Tout cela sera l'œuvre du temps et des capitaux nouveaux.

Les concessions de Honnegay, de Kébao, de Nongson, de Dongtrieu, sont dé superbes concessions comme étendue, et un avenir superbe, sans doute, leur est réservé, mais ce sera l'œuvre du temps et de beaucoup de temps.

Des mines d'antimoine sont en exploitation. Des mines de cuivre, de fer, de plomb argentifère, de zinc sont engagées ; mais pour aller plus avant, il faut que la confiance et la pacification attirent des capitaux.

Il faut des moyens de communications, et la sécurité pour pouvoir exploiter ces richesses. Il n'a point encore été fait de routes ni de chemins de fer.

Il y a bien une petite voie ferrée en construction que j'appellerai « chemin stratégique ou d'étude ». C'est le chemin de fer de Phulang-Thuon à Lang-Son. Mais là encore, pour avoir voulu exclusivement diriger l'entreprise de Paris et imposer, envers et contre tous, un système fixé d'avance, une route à suivre, les mécomptes se sont accumulés. Aussi la ligne qui devait être livrée dans son entier à l'exploitation en 1891 le sera à peine en 1893, et le coût évalué d'abord à 5 millions s'accroîtra du double. C'est un grief que l'on mettra à la charge du Tonkin et pourtant il en est bien innocent !

Le vrai chemin de fer utile, indispensable, qui s'impose, qu'il faut faire coûte que coûte, est celui d'Hanoï à la frontière du Yunnam.

Le vrai but utile de notre implantation au Tonkin est notre rapprochement, notre contact direct avec la Chine. Tant qu'on ne l'aura pas réalisé, l'œuvre sera toujours chancelante.

Que la métropole traite cette nouvelle colonie avec équité ; qu'elle prenne à charge ses frais de souveraineté, qu'elle entretienne ses soldats de garde et de défense comme elle le fait en Algérie et partout ailleurs ; que pas une minute ne se perde et un franc ne se dépense en œuvres inutiles ; le pays alors se suffira à lui-même et pourra entrer enfin dans l'ère des travaux publics indispensables pour la mise en exploitation de l'immense fertilité en toutes choses du Tonkin. Et en cela, sa plus grande richesse est celle de son sol. C'est là que se trouveront les plus réelles, les plus grandes et les plus rapides ressources pour le succès.

Jusqu'ici, rien dans cet ordre d'idées n'a pu être fait malgré la meilleure volonté des hommes chargés de l'administration là-bas, car jusqu'ici le pays n'a pu être sûr de son existence du lendemain. Jusqu'ici, pendant les six premiers mois de son exercice, le Trésor ne savait pas si les Chambres accorderaient les subsides nécessaires à l'année, et les six derniers mois, le Trésor ne savait pas si, par suite des événements imprévus, il pourrait faire face à ses engagements.

Comment, au milieu de telles angoisses, « sans fonds de prévoyance ni avances », faire de la bonne administration, de la bonne organisation ? Alors, on entre dans la voie des expédients ; les fautes se commettent, l'argent se gaspille en demi-mesures et les déficits se créent. Tel a été l'état du Tonkin depuis ses débuts.

La petite partie du Tonkin cultivée est un immense champ de riz. Si l'on persistait dans cette unique culture, une fois que la complète pacification aurait ramené le paysan aux champs, rendu la sécurité aux familles, que les digues effondrées seraient refaites, vous verriez cette récolte de riz se doubler tout d'un coup et un grand commerce d'exportation se constituer.

Mais est-ce bien là le vrai but à atteindre ? N'est-ce pas créer ainsi nous-mêmes une concurrence directe à la Cochinchine, qui par la nature de son sol et sa température, ne peut guère se livrer qu'à cette culture du riz, culture qui peut s'y développer bien plus encore ?

N'y a-t-il pas un bien meilleur parti à tirer du sol du Tonkin, qui grâce à sa latitude peut produire tout autre chose ? N'est-il pas sage de diriger ce pays vers des cultures plus riches, telles que thé, café, soie, chanvre, graines oléagineuses, indigo, tabac, coton, etc., etc., tous produits de consommation et de commerce chez nous ?

Elles ne sont pas à créer ces cultures, elles ne sont pas à expérimenter ; elles existent. Seulement, comme le Tonkin, jusqu'ici pillé, tyrannisé, tenu à l'état barbare, n'avait pas de commerce et pas d'exportation surtout, chacun ne produisait que ce qui était utile à sa consommation.

Eh bien, voilà le vrai champ d'action à exploiter ; voilà la vraie politique à suivre, celle du travail du sol, celle des affaires avant tout, et pas de tâche plus facile à entreprendre ; tout est dans les mains, il n'y a qu'à vouloir.

Le sol du Tonkin peut donner tous les produits des pays chauds et des pays tempérés.

La soie, dont nous avons tant emploi à Lyon, peut être produite dans tout le Tonkin et l'Annam. L'expérience de sa transformation en qualité dite « à l'européenne » n'est plus à faire ; la voilà sur cette table[1]. Ce premier essai est dû à l'esprit d'entreprise de MM. Bourgoin-Meiffre.

Cette qualité de soie est précisément une de celles dont notre fabrique tire le meilleur parti et pour laquelle nous sommes tributaires de l'Italie.

Pour entreprendre tout ce travail de culture et d'industrie, les bras expérimentés ne manqueront pas. Le Chinois, le vrai Chinois, de bonne race, honnête, travailleur, celui qui s'implante dans le pays, qui y procrée et y reste, ne demande qu'à venir. Mais ce Chinois ne veut pas être molesté, ne veut pas être numéroté et payer sa taxe d'entrée comme un mouton. Il se soumet à son chef indigène, dit chef de congrégation ; il se soumet aux lois du pays qu'il habite ; il fait sa police lui-même, paie des taxes intérieures ; mais après cela, il veut être considéré avec tous les égards ; il a confiance en notre justice européenne, à l'équitable répartition de nos charges et il vient même s'y abriter de préférence à celle de son pays natal. C'est lui et son travail qui ont fait et mis en exploitation toutes les îles de l'Océanie. S'exposer à perdre ses services au Tonkin par quelques mesures étroites, des revenus mesquins et des raisons de suspicion est une faute politique de premier ordre en matière de colonisation asiatique.

Que l'on attire le Chinois travailleur, et au lieu de traiter avec des chefs de bandes de coquins, que l'on traite avec des chefs de congrégations, qui sous leur haute responsabilité amèneront des travailleurs dont ils feront eux-mêmes la police et dirigeront le travail. Ils défricheront les parties encore inexplorées et chasseront eux-mêmes par la marche en avant de leurs travaux, les bandes sauvages de brigands qui nous ont envahis.

En vous soumettant cette idée, je ne me pose pas en apôtre d'un système de colonisation. Je ne fais qu'appliquer au Tonkin ce qui a été fait, par nos maîtres dans l'art de coloniser, dans les régions similaires qui nous sont voisines, et à cet effet, permettez-moi, Messieurs, de vous résumer en quelques mots l'histoire de la colonisation de l'île de Java par les Hollandais.

C'est en 1816 que les colonies dites des Indes orientales revinrent à la Hollande, et, dès ce jour, les Hollandais reprirent l'administration de l'île de Java.

Jusqu'en 1830, cette administration ne fut ni heureuse, ni fructueuse,

---

[1] M. Pila soumet à la réunion des types de cocons et de soie grège filés d'après les procédés indigènes et d'après les systèmes de filature à l'européenne.

et, comme la nôtre en ce moment en Indo-Chine, elle naviguait au milieu des plus grandes difficultés.

En Europe, les Hollandais étaient absorbés par la politique continentale, et à Java même l'Administration était aux prises avec un mouvement indigène des plus violents, guérillas incessantes où périrent plus de 10.000 hommes de troupes européennes et 20.000 Javanais, coûtant aussi des sommes énormes estimées à 40 millions de florins d'alors. Dans ces conditions, la prospérité de l'île fut tout à fait négligée.

Mais, à ce moment, en 1830, le Gouvernement de la Métropole se trouvant au milieu des plus grandes difficultés financières, en face de déficits constants dans les budgets, le roi exigea que, dès ce moment, on adoptât pour les colonies une politique différente et qu'au lieu d'être une charge pour la métropole, elles deviennent au contraire une source de revenus.

Le général Van den Bosch fut nommé Gouverneur des possessions hollandaises en Malaisie et après des études approfondies, le nouveau Gouverneur imagina pour satisfaire aux ordres de son roi, le système des cultures riches ; et basant son système sur ce principe que, « d'après les anciennes institutions javanaises, la terre appartenait au seigneur qui a le droit d'exiger des occupants, en retour de sa protection, une certaine redevance », il édicta que cette redevance consisterait en ce qu'un cinquième de la propriété, au lieu d'être cultivé en riz, seule culture usitée jusqu'alors, serait cultivé à l'avenir en produits riches désignés par le Gouverneur.

Ce système fut appliqué immédiatement et pour cela, on eut recours à plusieurs procédés selon que les denrées une fois produites avaient ou non besoin d'une préparation industrielle, avant d'être livrées au commerce.

Les cultures que j'appellerai « officielles » furent le tabac, l'indigo, le poivre, la cannelle, le sucre, le thé, le café, tous articles précieux d'une grande valeur et d'une large consommation en Europe.

Le but à atteindre, et qui fut atteint, fut donc, non seulement d'amener d'immenses ressources au gouvernement de la métropole, de l'enrichir même, côté de la question et moyens employés dont nous n'avons pas à nous occuper, mais le grand avantage de ce système fut de créer un immense commerce européen qui est le seul but que nous cherchons et qui nous occupe.

Des directeurs de culture furent désignés dans chaque province ; des contremaîtres et surveillants européens et indigènes étaient constamment en tournées d'inspection, indiquant, pour chaque nature du sol, la culture la plus propice, et surveillant celles qui étaient en cours.

Pour stimuler le zèle des paysans, des récompenses honorifiques et pécuniaires furent allouées aux familles, aux villages qui donnaient les meilleures et les plus abondantes récoltes.

Tel est dans ses grandes lignes le système de Van den Bosch mis en activité depuis 1831.

Et voici maintenant ses résultats : Il initia les indigènes qui jusque-là ne s'étaient occupés que de l'article indispensable à leur existence, le riz, sans autre commerce au dehors, à la connaissance et au travail de cultures de produits destinés aux marchés européens.

Il apprit aux capitalistes Hollandais, qui, jusqu'en 1830, ignoraient presque tous l'existence de Java, quelles immenses ressources s'y trouvaient accumulées (et vous n'ignorez pas, Messieurs, les colossales fortunes qui s'y sont faites), et grâce à cette organisation, la production de tous ces articles, devint, en peu de temps, considérable.

Pour en citer un exemple, je prendrai le café qui, inconnu avant 1830, produisit :

En 1840.	36.340.000 kilog.
De 1841 à 1850 en moyenne.	57.540.000 —
De 1851 à 1860 —	60.303.000 —
De 1861 à 1870 —	56.000.000 —
De 1871 à 1880 —	61.811.000 —

Avec de tels éléments de travail, l'ère de paix et de tranquillité se fit : la prospérité fut rapide. La population s'accrut promptement. Les grands travailleurs chinois vinrent en nombre. Les travaux publics apportèrent de grandes facilités de locomotion et de transport. Tout un outillage commercial se constitua : compagnies de transports, d'assurances, de banques ; et Java prit rang parmi les plus grandes colonies européennes du monde.

Les chiffres suivants parleront plus que tous les qualificatifs que je pourrais employer.

Pour les importations leur chiffre s'éleva en :

1873.	à 233.874.000 francs.
1877.	à 322.779.000 —
1881.	à 333.186.000 —
1885.	à 291.620.000 —

La réduction de ce dernier chiffre vous indique que l'île de Java elle-même n'échappe pas à l'évolution, à la crise économique du monde.

Pour les exportations :

1873.	. . . .	322.768.000 francs.
1877.	. . . .	453.069.000 —
1881.	. . . .	371.964.000 —
1885.	. . . .	394.949.000 —

Les budgets marchent en raison de l'extension commerciale :

1874. . . .	Recettes.	307.000.000 francs.
	Dépenses.	287.000.000 —
1878. . . .	Recettes.	313.000.000 —
	Dépenses.	312.000.000 —
1882. . . .	Recettes.	273.000.000 —
	Dépenses.	315.000.000 —
1886. . . .	Recettes.	273.000.000 —
	Dépenses.	270.000.000 —

Sur ces sommes, 160 millions furent employés aux travaux publics des 1873 à 1884. La population de la possession hollandaise qui, au début de ce siècle, était de 4.000.000 d'habitants passe, en 1853, à 10.000.000 et en 1881, à 19.000.000.

Voilà, Messieurs, le résultat d'un plan d'action pratique, visant un but à atteindre et suivi avec méthode jusqu'au bout. Mais les Hollandais le conçurent à leur profit exclusif et le mirent en pratique en égoïstes. Ils firent de leurs sujets cultivateurs presque des esclaves et prirent tout le fruit de leurs sueurs.

Le commerce de tous ces produits ne fut pas libre à l'origine. Le droit de Prince s'exerça avec rigueur, le Gouvernement était seul l'acheteur au prix fixé par lui et presque toujours arbitrairement.

De là, des mécomptes politiques, des insurrections et la lutte acharnée actuelle des Atchinois y trouve peut-être son origine.

Mais prenons de ce système ce qu'il a de bon. Rejetons ce qu'il a de mauvais et ce qui serait contraire à notre caractère généreux, libéral et humanitaire ; appliquons-le sur d'autres bases en Indo-Chine et ce sera son salut.

Permettez-moi, M. de Lanessan, puisque j'ai l'honneur de déposer ce rapport en votre présence, de vous dire, au nom de notre Chambre de commerce : Soyez le Van den Bosch du Tonkin.

Vous prenez l'administration de l'Indo-Chine dans les mêmes conditions que le grand patriote prit l'administration des colonies de son pays, au milieu des mêmes difficultés.

La situation géographique des deux contrées, leur superficie, en font deux sœurs. Nos nouvelles possessions de l'Indo-Chine sont mêmes plus riches, car elles donnent la soie que Java ne produit pas, et leur tréfond est plus riche en mines. Mettez toutes ces richesses en exploitation. Créez un commerce européen avec elles. Dotez ce commerce de la plus grande liberté d'action et des taxes les plus douces. Par le travail, vous pacifierez bien mieux le pays que par les armes et vous ferez la fortune de vos compatriotes qui vous auront suivi.

Pour la tranquillité du pays, la satisfaction des indigènes et l'avenir de vos finances, supprimez la Ferme de l'opium, rendez ce trafic à la douane.

Qu'à l'avenir, les affaires du Tonkin ne se traitent qu'au Tonkin et non pas à Paris. Créez une école de stagiaires pour le recrutement prochain d'un personnel éprouvé et formé sur place. Reliez par une voie ferrée le Tonkin au Yunnam. Obtenez que la Métropole prenne à sa charge les dépenses de souveraineté.

Votre œuvre sera alors complète; elle sera l'œuvre d'un grand Français !

M. DE LANESSAN se lève alors et prononce le discours suivant :

MESSIEURS,

Laissez-moi vous remercier de la marque de sympathie que vous m'avez donnée et de l'honneur que vous m'avez fait en m'invitant à votre séance d'aujourd'hui. J'en suis touché d'autant plus que vous avez bien voulu consacrer exclusivement cette séance à la discussion du difficile problème dont le Gouvernement m'a chargé de chercher la solution.

Je dis : m'a chargé; car je n'ai point sollicité cet honneur. Je l'ai accepté non seulement comme un honneur, mais aussi comme un devoir et je m'efforcerai de le remplir en imitant les exemples de ceux qui m'ont précédé sur cette terre française : de l'illustre Paul Bert qui y a laissé la vie, — j'espère être plus heureux que lui et vous revenir après avoir accompli la tâche qu'il avait commencée *(Applaudissements)*; — de M. Constans qui, lui aussi, a consacré un certain nombre de mois, trop courts, hélas! pour le pays, à cette œuvre difficile.

Mais, Messieurs, je ne me fais aucune illusion sur les difficultés avec lesquelles je me trouverai aux prises pour réaliser le programme très large, très beau, et certainement fort glorieux pour moi, si j'y parvenais, que vient de nous tracer mon ami, M. Pila. Il y aura, je ne me le dissimule pas, beaucoup plus de difficultés, il me faudra beaucoup plus de temps, beaucoup plus de peine, qu'on n'aurait pu le croire en entendant M. Pila exposer ce programme :

Je n'entrerai pas, je ne veux pas et je n'ai pas le droit d'entrer dans les détails qu'il a pu, lui, aborder en toute liberté. Cependant, je vous demanderai de répondre, en quelques mots, à deux ou trois points qu'il a touchés et de vous indiquer le sens dans lequel je compte diriger la conduite que j'ai à suivre là-bas.

M. Pila nous a parlé d'abord des cultures du Tonkin.

Il est très vrai qu'elles se réduisent pour le moment à celles dont les habitants ont exclusivement besoin, telles que le riz; et que le pays est propice à un grand nombre d'autres cultures plus riches.

M. Pila a cité la culture du mûrier pour l'élevage du ver à soie; il a parlé du coton, puis des graines oléagineuses que produisaient autrefois l'Annam et le Tonkin et qui sont aujourd'hui une des sources les plus importantes de la richesse de l'Inde. Une des branches les plus considérables du mouvement commercial du port de Dunkerque, qui a déplacé en cela le commerce de Marseille, ce sont les sésames que nous allons chercher dans l'Inde. Nous pourrions aborder ces cultures, celles des sésames, et aussi celle du ricin qui donne dans l'Inde de grands avantages. Nous pourrions cultiver le pavot au Tonkin aussi bien que dans le Yunnam, que dans le Kouang-Si, que dans le Kouan-Toung. Mais il sera fort difficile d'amener les indigènes à ces cultures qu'ils ne connaissent pas et dont ils ignorent les grands avantages. A peine s'y livrent-ils pour leur consommation ordinaire, et ils n'ont aucune idée d'une production pour les besoins industriels; c'est là une des difficultés de la tâche que j'aurai à remplir et que vous venez de me tracer.

Quant à imiter la Hollande et à marcher sur les traces de Van den Bosch, je ne m'y risquerai pas. Non pas que je ne sois tenté d'imiter l'exemple de ce grand patriote qui transforma en quelques années un peuple pauvre et indolent en un peuple laborieux et riche, — mais les moyens que l'on pouvait employer jadis ne sauraient plus être mis en pratique aujourd'hui, même à Java. Tous les peuples, même les plus lointains se sont émancipés à notre exemple et nous devons les en féliciter; le souffle de liberté parti de notre pays s'est répandu un peu partout dans le monde. Dans la domination et la conduite des hommes, il faut avoir recours à des moyens plus habiles, plus humains qu'il y a un siècle. *(Applaudissements.)*

Ces moyens, je m'efforcerai de les trouver; c'est tout ce que je puis vous promettre.

Il est du devoir de l'Administration d'initier les peuples à ce qu'ils ignorent. Tout partisan que je suis de l'autonomie de l'individu, je crois qu'il n'est pas mauvais, pour ceux qui savent, d'instruire ceux qui ignorent encore. Si le Tonkinois ignore les cultures riches dont vous parliez tout à l'heure, ce sera à vous Français d'aller au Tonkin les lui révéler.

Puisque le gouvernement a bien voulu me confier les pouvoirs nécessaires et la lourde responsabilité qui en découle, je puis faire ici la promesse solennelle que ceux qui viendront là-bas chercher à donner l'exemple de ces cultures riches, que ceux qui viendront introduire les capitaux nécessaires pour ces cultures que l'Annamite ne possède pas, que ceux-là, dis-je, trouveront en moi le concours le plus actif, le plus énergique, le plus dévoué. *(Applaudissements.)*

Il est un vieux proverbe qui dit : « Aide-toi, le ciel t'aidera. » Eh bien, supposez que je sois le ciel dans cette circonstance... *(Sourires)*, je vous promets de vous aider.

Vous exposiez tout à l'heure, en termes sur lesquels je ne veux pas m'appesantir à mon tour, la situation politique dans laquelle se trouve le Tonkin. Il n'est que trop vrai que cette situation n'est pas ce qu'elle devait être. Je crois qu'il est possible de l'améliorer, et un des meilleurs moyens pour le faire, c'est d'apporter à la fois les capitaux nécessaires pour les cultures dont vous parlez et les exemples que l'Européen plus habitué au travail peut donner aux peuples rendus indolents par le climat, par une paresse invétérée, et surtout par la misère. Un des meilleurs moyens de développer l'activité du pays et de mettre ses richesses en valeur, c'est non seulement de répandre ces cultures par l'exemple, c'est aussi de les faciliter en multipliant les voies de communication.

Aujourd'hui, cet immense domaine de vingt millions d'habitants qui commence à la frontière de Siam pour se terminer à la Chine, enveloppé par la mer de Chine d'un côté, et par les méandres du Mé-Kong de l'autre, cet immense territoire n'a pas ou presque pas de voies de communications; le Cambodge n'a presque pas de relations avec l'Annam, et la Cochinchine sa voisine immédiate ne communique pas, si se n'est par mer, avec les provinces du sud de l'Annam. Quant à l'Annam lui-même, il vit presque complètement séparé du Tonkin qui le touche de si près cependant et dont il a tous les caractères de mœurs, d'administration, de civilisation et de langue.

Un des premiers devoirs de l'administration de ce pays sera de rapprocher les différentes parties de l'empire par des routes, par des chemins de fer, si c'est possible, par des canaux partout où l'on peut. Cela, vous pouvez être certain que je le ferai Mais je ne peux pas le faire tout seul ; il me faudra des capitaux et le concours de l'initiative privée.

Je ne veux pas parler de la question de l'opium, mais je dirai volontiers un mot du régime douanier. Là, nous sommes complétement d'accord. J'ai contribué dans la mesure de mes forces, il y a quelque temps, au vœu exprimé par le Conseil supérieur des Colonies que l'Indo-Chine jouisse d'un régime douanier analogue à celui des pays qui l'entourent c'est-à-dire d'un régime douanier beaucoup plus libéral que celui dont elle est dotée aujourd'hui. Je crois qu'en faisant des sacrifices nécessaires aux intérêts de nos compatriotes, par exemple en ce qui concerne les tissus de coton qui sont les produits que la France à le plus de chance d'écouler dans l'Indo-Chine, nous pourrons obtenir peu à peu des concessions pour les autres produits, pour ceux qui n'ont pas de similaires en France. Nous pourrons arriver ainsi à un adoucissement de ce régime douanier que je considère comme vous, comme une des conditions les plus indispensables à la prospérité de l'Indo-Chine et à son avenir. *(Applaudissements.)*

Mais cela ne suffirait pas, à mon sens, à ouvrir à l'Indo-Chine la voie de la prospérité à laquelle on doit prétendre. Vous aurez encore, vous, Messieurs les commerçants et les industriels, une tâche à remplir dans ce pays, une tâche pour laquelle vous êtes certains de trouver notre appui, c'est d'y créer des industries locales.

La richesse de l'Inde! Ne date-t-elle pas surtout de l'époque où, sous la pression des nécessités créées par la guerre de Sécession d'Amérique, la grande culture du coton y a été répandue? L'Inde a d'abord exporté ce coton, puis on a établi des usines dans le pays même et on y fabrique des tissus, des filés.

J'ai visité ces usines à Bombay et j'ai pu voir avec quelle rapidité elles se sont développées.

L'Indo-Chine reçoit de Bombay presque tous les filés de coton qu'elle tisse et vous pourrez trouver un emploi très avantageux de vos capitaux en créant en Indo-Chine des filatures de coton.

Le coton pousse dans l'Annam, le Cambodge, le Tonkin. En commençant modestement, c'est-à-dire avec l'usine suffisante pour utiliser la récolte actuelle, vous amènerez l'indigène à augmenter sa production à cause des avantages qu'il retirera de la vente à vos usines ; et celles-ci pourront se développer progressivement à mesure que la culture s'accroîtra autour d'elles. C'est un cercle non plus vicieux, mais absolument logique, absolument profitable à votre progrès, à votre richesse, à la richesse de l'Indo-Chine à laquelle vous vous intéressez.

Créer des industries locales à côté de vos cultures riches, voilà le deuxième de vos devoirs. Dans l'accomplissement de celui-là, comme dans le premier, vous trouverez, je le répète, le concours toujours prêt du nouveau Gouverneur général de l'Indo-Chine. *(Applaudissements.)*

Vous nous permettrez ainsi d'arriver à résoudre la difficulté la plus grande de toutes celles auxquelles j'aie à faire face, je demande la permission de dire : le manque d'argent.

Tout le monde sait que les finances de l'Indo-Chine sont dans un fort déplorable état ; il faudra les améliorer, augmenter les recettes et, dans la mesure du possible, diminuer les dépenses inutiles.

Il faut que la richesse du pays se forme et que la sécurité s'établisse. Les meilleurs moyens d'augmenter cette richesse, ce sont précisément les moyens que vous exposiez tout à l'heure et que je viens d'examiner.

C'est par ces moyens que nous créerons le crédit de l'Indo-Chine. Mais tant que le Tonkin sera obligé d'appuyer son crédit sur celui de la Métropole, il se trouvera en présence d'oppositions, les unes systématiques, les autres résultant de craintes chimériques qui n'en existent pas moins dans un grand nombre de cerveaux et dont quelques-unes cependant sont légitimes.

Il faut que le Tonkin puisse vivre de ses propres ressources. Il faut qu'il ait ses cultures riches, ses travaux publics, son industrie et son crédit propre. C'est par tout cela que nous arriverons à le faire assez puissant pour pouvoir attirer à la fois et le colon, et les capitaux dont il a besoin. *(Applaudissements.)*

Et par là aussi vous arriverez à résoudre le problème qui aujourd'hui appelle le plus l'attention de tout le monde, mais qui, en réalité, peut-être, est le moins grave, celui de la pacification, celui de l'établissement graduel de la sécurité dans le pays.

L'absence de sécurité découle d'une foule de causes ; mais, la cause dominante est la misère. Comment voulez-vous que, dans un pays sans cesse troublé, où des armées, les unes régulières, les autres un peu moins, d'autres encore pas du tout, courent sans cesse la campagne, que dans un pays où les pirates perçoivent l'impôt, la richesse se crée et les caisses de l'État se remplissent ? Pour rétablir la sécurité, que faut-il ? Il

faut supprimer cette misère à l'aide des moyens que nous indiquions tout
à l'heure ; assurer une action énergique de la part de l'autorité civile. Et
pour que cette action puisse s'exercer fructueusement et rapidement il est
nécessaire que les deux pouvoirs civil et militaire soient parfaitement unis.

Eh ! bien, je puis vous le dire aujourd'hui, et c'est là, certes, le
premier résultat, et non le moins important auquel je suis arrivé, cet
accord de l'autorité militaire et de l'autorité civile est désormais complet.
(Applaudissements.) J'ai le bonheur d'être absolument d'accord, pour
l'action à exercer en Indo-Chine, avec l'éminent patriote qui va prendre
le commandement en chef des troupes d'occupation, et avec le marin non
moins éminent qui aura sous ses ordres la division navale de l'Indo-
Chine. Ensemble, nous avons déjà concerté nos vues pour que la sécurité
soit établie le plus tôt possible, et en même temps, pour que l'harmonie qui
existe entre nous se généralise à tous les échelons de la hiérarchie administrative ; pour que chacun, civils et militaires, sache se renfermer dans la
tâche qu'il est chargé d'accomplir : aux uns, l'administration et la police
du pays ; aux autres, le soin de garantir la sécurité par les actions militaires et la protection de notre drapeau, par la fermeté et par le patriotisme qu'ils ont toujours déployés en versant leur sang, et en jonchant cette
terre française d'assez de milliers de cadavres pour que nous ayons le devoir de la faire aussi grande que la Mère-Patrie !... *(Applaudissements.)*

Voilà en deux mots ce que je puis vous dire en réponse aux questions
qui m'étaient posées tout à l'heure.

Notre but à tous est le même : Faire la France de là-bas aussi grande
que nous le pourrons, entourer son drapeau dans l'Indo-Chine du même
respect qui l'entoure en France, et enfin répandre dans le monde le nom
français, les mœurs françaises, les coutumes françaises, le commerce
français, l'industrie française et l'amour du progrès et de la Liberté qui
fait la force de notre nation, et qui fera la France plus grande, plus libre
et plus puissante dans le monde !... *(Applaudissements prolongés.)*

M. Duc, vice-président de la Chambre de commerce, se faisant
l'interprète de la réunion et de la Chambre de commerce, remercie cha-
leureusement M. de Lanessan pour les explications qu'il vient de donner
et pour les légitimes espérances qu'elles autorisent de concevoir pour
l'avenir :

« M. le Gouverneur général a fait appel, dit-il, à vos lumières, à
votre dévouement, à vos capitaux. J'espère, Messieurs, que cet appel ne

restera pas sans être entendu et quelques-uns d'entre vous continueront à la ville de Lyon la réputation qu'elle a méritée si justement dans ce siècle-ci et que l'on retrouve à chaque page de ses annales, celle d'avoir été en quelque sorte l'avant-garde de la colonisation, de l'humanité, de la civilisation. » *(Applaudissements.)*

M. Duc lève ensuite la séance et invite M. le Gouverneur général de l'Indo-Chine et les invités de la Chambre à se rendre au Musée d'art et d'industrie, dont les galeries réorganisées et complétées occupent désormais tout le second étage du Palais du commerce.

BANQUET

Le soir, la Chambre de commerce a offert, dans la salle des Réunions industrielles au Palais du commerce, un banquet de quatre-vingt-dix couverts en l'honneur de M. le Gouverneur général de l'Indo-Chine et à l'occasion de l'inauguration des nouvelles salles du Musée d'art et d'industrie.

M. le Général Raynal de Tissonnière, représentant M. le Gouverneur militaire, empêché, MM. Debolo et Lavigne, adjoints, MM. Gravier et Bouvagnet, secrétaires généraux de la Préfecture, MM. les présidents et vice-présidents du Tribunal de commerce et des Conseils de Prud'hommes, MM. les membres des bureaux de l'Union des Chambres syndicales lyonnaises, MM. les présidents des Chambres syndicales des soies et des soieries et des Chambres syndicales ouvrières des tisseurs, les chefs des principales administrations commerciales, les anciens membres de la Chambre, les Directeurs des divers Musées de la ville, la Presse, ont bien voulu se rendre à l'invitation de la Chambre.

MM. les Sénateurs et Députés, retenus par la discussion imminente du tarif des soies étrangères, M. le Préfet absent, M. le Maire retenu par la maladie, s'étaient excusés.

Au dessert, M. MARIUS DUC, vice-président de la Chambre de commerce, a porté le toast suivant à M. le Président de la République :

Il y a bientôt trois ans que, dans cette même salle, la Chambre de commerce de Lyon avait l'honneur de recevoir le Président de la République française, M. Carnot, et l'accueil chaleureux que lui fit la population lyonnaise est présent à tous les souvenirs.

Depuis lors, le chef de l'État a visité d'autres départements et partout il a rencontré le même accueil et la même déférence. Et ces jours derniers encore, dans les départements du Sud-Ouest, son passage a été salué par d'unanimes acclamations.

La Chambre de commerce de Lyon est heureuse de s'associer à ces respectueuses et sympathiques manifestations, et je traduis ce sentiment en élevant mon verre pour porter un toast à M. Carnot, Président de la République, et lui souhaiter des jours longs et heureux.

M. LÉOPOLD GRAVIER, secrétaire général de la Préfecture a répondu :

MESSIEURS,

Je remercie bien vivement l'honorable et sympathique vice-président de la Chambre de commerce de Lyon du toast patriotique qu'il vient de porter en vous conviant à boire à la santé de M. Carnot, président de la République française.

Messieurs, c'est le privilège des pays libres, c'est leur honneur, que l'on y considère comme un devoir, dont on s'acquitte volontiers, de terminer les réunions comme celles-ci, en portant la santé du chef de l'État. Et, nous tous qui sommes ici, ne pouvons-nous pas dire, comme le rappelait tout à l'heure M. Duc, que c'est une invocation qui n'est pas seulement sur les lèvres, mais qui se trouve dans les cœurs, quand elle s'adresse au grand citoyen qui, quelle que soit la partie de la France qu'il visite, est salué par d'unanimes acclamations.

Et ces acclamations enthousiastes, je suis bien sûr qu'il les entendra, lui aussi, notre hôte éminent dont la Chambre de commerce fête la présence ici, ce soir, lorsqu'il exercera dans notre belle colonie de l'Extrême-Orient, les hautes et difficiles fonctions qu'il a acceptées sous l'inspiration du patriotisme le plus pur et d'un dévouement sans bornes à la République. *(Applaudissements.)*

Je crois pouvoir dire maintenant, Messieurs, que nous nous connaissons déjà depuis assez longtemps pour que j'aie la conviction d'être votre fidèle interprète en précisant le caractère particulier de la fête qui nous réunit ce soir ; cette fête est bien lyonnaise par l'impression de franche cordialité qui y règne et aussi par le sentiment généreux qui l'a inspirée ; dans cette illustre et vieille cité où l'industrie et le commerce sont des lettres de noblesse, vous avez voulu saluer respectueusement, avant son départ, et lui donner le précieux appui de votre confiance et de votre sympathie, le citoyen désintéressé qui n'a pas hésité à résigner son mandat pour consacrer ses forces, son activité et son intelligence à tâcher d'étendre encore le nom et la prospérité de la Patrie française. *(Applaudissements.)*

Messieurs, c'est par ces généreuses et patriotiques initiatives que la Chambre de commerce de Lyon a conquis la situation éclatante et exceptionnelle qu'elle occupe, non pas seulement à Lyon, mais dans le pays tout entier.

Il est donc bien naturel que les représentants du Gouvernement à Lyon aient toujours tenu à grand honneur d'être liés à la Chambre de commerce par les liens d'une étroite et affectueuse collaboration et soyez certains que ces sentiments que j'exprime sont ceux du nouveau préfet du Rhône qui, à son grand regret, n'a pu être présent ici ce soir au milieu de vous.

Messieurs, c'est du fond du cœur que je bois à la prospérité de la Chambre de commerce de Lyon. *(Applaudissements.)*

M. Duc, se levant de nouveau, s'exprime ainsi :

Je remercie M. Gravier, Secrétaire général de la préfecture du Rhône, pour les paroles aimables qu'il vient de prononcer en parlant de la Chambre de commerce et je m'associe de tout cœur aux éloges qu'il a donnés au Gouverneur général de l'Indo-Chine française.

Et à mon tour, Messieurs, je vous invite à vous unir à la Chambre de commerce pour porter un toast à notre hôte, à M. de Lanessan et au succès de sa mission.

Je bois, dis-je, à votre succès, Monsieur le Gouverneur général. Ce succès sera pour vous un honneur insigne et un grand bonheur pour la patrie.

M. de Lanessan, Gouverneur général de l'Indo-Chine a fait la réponse suivante au toast de M. Duc.

Cette soirée est la dernière que je passe en public avant de quitter la France. Je suis heureux de la passer au milieu d'hommes qui se sont signalés (on l'a répété aujourd'hui à plusieurs reprises, et je tiens à le dire moi-même ce soir), par l'ardeur qu'ils ont apportée à travailler à la prospérité de la France au dehors de ses frontières.

Déjà, Messieurs, les Lyonnais, ont fait beaucoup en Algérie. J'ai pu m'assurer que Lyon avait fait presque tout en Tunisie. Je crois que vous allez faire aussi beaucoup au Tonkin, dans l'Indo-Chine, où déjà vous avez apporté votre intelligence, vos capitaux, votre génie commercial. Je bois à la continuation de cette bonne volonté de la ville de Lyon pour l'expansion coloniale de la France.

Vous avez compris que le commerce n'a pas seulement pour unique but de gagner de l'argent, mais qu'il devait être patriote ; et vous avez transporté, avec vos marchandises, le nom et le drapeau de la France à travers toutes les mers. C'est pour moi un grand honneur d'être reçu par vous, la dernière fois avant de quitter la France. C'est pour moi un grand encouragement que les paroles qui viennent de m'être adressées et par M. le vice-président de la Chambre de commerce et par le représentant du Gouvernement dans cette enceinte. C'est pour moi une grande force que ces assurances que vous me donnez du succès. Vous paraissez tellement y croire, que moi-même je me prends à y croire aussi ! *(Applaudissements.)*

Vous apporterez à l'Indo-Chine, et votre intelligence industrielle et commerciale, et vos capitaux. Ensemble, nous ferons de bonne besogne. Nous travaillons pour ce beau pays de France ; et, quelles que soient nos opinions politiques, nous ne songerons d'abord qu'à la grandeur de la patrie. Nous travaillerons pour la France avec le commerce lyonnais, avec l'industrie lyonnaise, avec tous les Français, afin qu'un jour, si je reviens ayant accompli ma tâche comme je souhaite qu'elle le soit, je puisse après avoir reçu de vous la dernière bénédiction, vous demander la première récompense. *(Applaudissements.)*

Je bois à la Chambre de commerce de Lyon, et vous me permettrez de l'ajouter, je bois à la France et à l'Indo-Chine. *(Vifs applaudissements.)*

M. Duc donne ensuite lecture du télégramme suivant de M. AYNARD, Député du Rhône.

« Je présente à tous nos hôtes et amis excuses et vifs regrets. Aurais été heureux de pouvoir m'associer à notre double cérémonie, c'est-à-dire affirmer avec Chambre commerce le grand et patriotique intérêt colonial qui ne peut se développer que par la liberté, et un régime adapté aux besoins de chacune de nos colonies et non par une stupide uniformité ; puis, en inaugurant musée réorganisé, dire qu'avons formé cette belle collection, maintenant la première du monde, non seulement pour gloire, mais encore pour enseignement de nos fabricants et de nos admirables ouvriers. *(Applaudissements.)*

« Je bois à leur avenir meilleur en le voyant d'abord dans l'union et la profonde sympathie entre les uns et les autres, ensuite dans la ferme croyance de ces trois principes pour l'industrie lyonnaise : Pas de supériorité véritable sans l'art et la beauté ; pas de succès durable sans l'emploi de moyens scientifiques amenant production bon marché; pas de vie possible sans la franchise des approvisionnements et la liberté du commerce. AYNARD. » *(Applaudissements.)*

M. Duc ajoute qu'il se fait l'interprète du sentiment unanime de la réunion en adressant à M. Aynard l'expression de sa·vive reconnaissance pour l'énergie avec laquelle il défend les intérêts de Lyon. *(Vifs applaudissements.)*

M. AUGUSTE ISAAC, membre de la Chambre de commerce prend alors la parole pour répondre au télégramme de M. E.D. AYNARD, en portant la santé des membres de la représentation du Rhône.

Il rappelle que, si les députés, les sénateurs sont absents, c'est que le devoir les retient à Paris au moment où va s'ouvrir le débat sur les matières premières, débat d'où dépendra le sort de l'industrie des soieries et du commerce des soies.

Il se félicite d'avoir à constater la bonne entente qui a toujours existé entre les représentants du Rhône et la Chambre de commerce. Le nom de M. Millaud, dont un tout récent télégramme nous apprend la nomination comme rapporteur de la sous-commission des matières textiles à la Commission des Douanes du Sénat, nous remet en mémoire les luttes soutenues d'un commun accord depuis plus de onze ans par la Chambre de commerce et la députation du Rhône.

M. Burdeau, M. Thévenet ont eu à leur tour à soutenir en 1888 une lutte qui n'a pas été sans gloire bien qu'elle ait été sans succès. Ils sont prêts pour de nouveaux combats. De même l'honorable M. Bérard, l'un des représentants les plus éminents de cette industrie artistique qu'on a fêtée aujourd'hui en inaugurant les galeries de notre Musée, se fera gloire de défendre à la tribune les intérêts de cette fabrication qu'il connaît si bien.

Inutile de citer M. Aynard, déjà trois fois vainqueur, au conseil supérieur du commerce, à la sous-commission, puis à la Commission des douanes. Notre Chambre est fière à juste titre du discours qu'il a prononcé récemment dans la discussion générale, et où il a exposé avec tant de talent les idées qui nous sont chères. Elle n'attend pas moins de lui dans le débat spécial qui va commencer.

Tous les députés et sénateurs du Rhône ont de tout temps témoigné leur sympathie pour les principes de liberté économique que défend notre Chambre de commerce. Entre eux et elle, il y a en ces matières une complète communauté de vues. Ils comprennent l'esprit large et généreux qui l'inspire. Ils lui rendent justice pour les sentiments élevés, les nobles préoccupations patriotiques qui président à ses travaux. Ce n'est pas d'eux que viendraient ces accusations malveillantes de cosmopolitisme ou d'internationalisme avec lesquelles on s'efforce en certains milieux de discréditer notre Chambre ; car ils savent qu'il y a plusieurs manières d'être patriotes : celle qui consiste à s'enfermer dans un triple mur de protection n'a jamais paru ici ni la plus habile, ni la plus noble : mais celle qui comporte la lutte sur les marchés lointains avec les concurrents ou les ennemis héréditaires répond bien plus à ce besoin d'attaquer pour se défendre qui est le propre du tempérament français. C'est par ces moyens virils, énergiques que Lyon a prouvé son patriotisme, en arrachant à l'Angleterre le grand marché des soies de l'Extrême-Orient.

C'est là de l'expansion non plus seulement coloniale, mais universelle, et les représentants de l'intelligente démocratie du Rhône ne sont pas de ceux qui puissent nous le reprocher.

Aujourd'hui, plus que jamais, ils vont lutter avec nous jusqu'au dernier moment. Car pas plus que nous ils ne veulent voir dépérir cette belle industrie dont M. Terme nous faisait tantôt admirer les merveilles. Ils ne voudraient pas que ces splendides vitrines, si artistement aménagées, et qui renferment les plus beaux spécimens de l'Exposition lyonnaise en 1889, puissent être montrés à nos petits-fils, comme le dernier effort d'une génération disparue, découragée, anéantie par un régime économique inintelligent.

Cette catastrophe sera évitée. Les représentants de la classe ouvrière, qui partent demain pour assister leurs élus dans la discussion, sauront leur dire la confiance que nous avons mise en eux. Ensemble ils porteront la bonne parole dans les rangs des députés. Ils diront que le travailleur n'a rien à gagner aux restrictions des transactions commerciales. Ils montreront la responsabilité effrayante qui résulterait de tout vote qui arracherait le travail à des centaines de mille de personnes. Et cela pour accorder à une catégorie de citoyens un avantage dont l'efficacité pratique est des plus discutables.

Levons donc nos verres à ces hommes courageux qui en face de tous les sophismes et de toutes les tentations ne se sont jamais réclamés que de la liberté.

M. Ulysse Pila, Membre de la Chambre de commerce, porte à son tour le toast suivant :

Monsieur de Lanessan, veuillez me permettre d'apporter dans cette réunion le souvenir de Mᵐᵉ de Lanessan, de lui adresser nos hommages respectueux et le témoignage de notre admiration pour son courage et de boire à la santé de Mᵐᵉ de Lanessan.

Boire à votre santé, Monsieur le Gouverneur, comme on vient de le faire à deux reprises, c'est boire à votre succès : car la santé dans ces pays, c'est le succès.

Ce succès, vous nous l'avez représenté tantôt comme entouré de certaines difficultés. Je n'accepte pas ces difficultés, pour vous, M. de Lanessan. Puis nécessité oblige et vouloir c'est pouvoir. Vous avez confiance dans votre succès, dites-vous, pour moi, j'en suis certain.

Et à ce sujet, permettez-moi, Messieurs, de rappeler un petit souvenir intime de voyage.

J'ai eu l'extrême plaisir de rencontrer M. de Lanessan, en 1887, en Indo-Chine. Je revenais du Tonkin. J'étais optimiste, alors, je ne suis pas éloigné de l'être encore.

Vous, Monsieur de Lanessan, vous alliez au Tonkin et vous étiez très pessimiste. Vous veniez de passer plusieurs mois dans les Indes. Vous aviez étudié l'admirable organisation coloniale de l'Angleterre ; et, la comparant avec les mesures administratives et économiques, pratiquées dans nos colonies françaises, vous étiez attristé par le contraste, et vous me disiez : Je vois l'avenir avec le plus grand effroi. La vraie politique à suivre serait celle de l'Angleterre dans les Indes, sinon nous marcherons d'échec en échec.

Vous avez eu parfaitement raison et nous sommes arrivés en quatre années aux tristes extrémités que vous aviez prédites.

Eh bien, je dis que l'homme qui, avec tant de savoir, tant d'intelligence et de perspicacité a pu prévoir le mal d'une façon si distincte saura certainement appliquer les remèdes nécessaires à le relever.

Vous avez à peine commencé votre œuvre, et déjà vous avez satisfait à une partie de votre programme en obtenant les pouvoirs que vous jugiez alors indispensables pour bien faire. Les personnalités dont vous vous êtes entouré sont connues et jouissent du meilleur renom.

Aussi permettez-moi de le dire encore une fois, nous sommes intimement convaincus de votre succès. Partez, ayant confiance en vous-même.

Pour vous aider dans ce succès, vous avez plusieurs fois, dans votre allocution de cet après-midi, fait appel aux Lyonnais, à leur patriotisme, à leur esprit d'entreprise, à leurs capitaux.

Mais les Lyonnais, Monsieur le Gouverneur général, ont déjà payé de leur personne : leurs capitaux, leur esprit d'entreprise, leur initiative, sont au Tonkin depuis longtemps. Ils ont déjà beaucoup fait, mais sans fruits jusqu'ici, sans jamais se décourager pourtant, car les Lyonnais sont tenaces, ne perdent jamais confiance et poussent leurs affaires jusqu'au bout ; suivant un terme de Bourse, ils ne passent pas la main entre le versement du premier quart et celui du second.

Ils veulent la victoire, et restent pour cela sur le champ de bataille sans défaillance.

Vous allez être leur général, Monsieur le Gouverneur. Faites-leur gagner la bataille de la fortune. Les Lyonnais le méritent, ils seront votre plus puissant appui comme quantité; vous allez être étonné, surpris du grand nombre de personnes originaires de la région lyonnaise qui se trouvent déjà en Indo-Chine.

Le digne et honorable M. Piquet était du département de l'Ain. Le maire résident d'Hanoï est de Lyon. Le maire résident d'Haï-Phong, l'homme si distingué que je regrette de ne pas avoir ce soir auprès de moi, car il est retenu par une indisposition, appartient au département de la Loire. Le résident supérieur de Hué est du département de l'Isère. Le directeur général des douanes du Tonkin, M. Coqui, est du département de l'Ain, le directeur des douanes de Monkaï est un Lyonnais, celui de Lao-kai, un Lyonnais. L'ingénieur directeur des mines de Nongson, M. Beauverie, un Lyonnais, aux magasins généraux il y a des Lyonnais, etc.

Dans le commerce, dans l'industrie, dans l'administration, partout enfin, Lyon, le département du Rhône et les départements voisins, ont l'appoint le plus important de la colonie. A ce sujet encore, voici un petit récit de voyage.

Pendant les premiers jours de mon arrivée, je fus invité à aller visiter une mine d'antimoine qui venait d'être mise à découvert.

La chose me parut assez intéressante pour l'affaire du Syndicat lyonnais qui m'était confiée. Le trajet à faire était séduisant. Il s'agissait de seize heures de mer, traversant cette superbe baie d'Along, cette huitième merveille du monde. Nous prîmes rendez-vous.

Mais on nous dit : « Prenez toutes les précautions. Le pays est infesté de pirates. Armez-vous. A votre arrivée au point de votre débarquement, vous trouverez une escorte. Surtout que le nom de M. Pila ne soit pas prononcé. Que le télégraphe ne signale pas ce nom. » Il paraît que j'étais une bonne prise.

Tout fut ainsi préparé et nous voilà en route pour Ha-koï où, en effet, trente hommes de troupe nous attendaient et furent notre escorte pour nous rendre à la mine : le chemin en fut charmant, environ une demi-heure de trajet; mais de pirates, nous n'en vîmes pas. Arrivé au sommet de la mine, je vois un monsieur qui me tend les bras et qui me dit : « Monsieur Pila, je suis heureux de vous voir. » — « Mais qui êtes-vous donc? » — « Je suis Moreau, de Lyon. Mon père est contre-maître chez M. Buffaud. Mon frère est dans la maison Buffaud. Je suis venu faire mon service militaire au Tonkin. J'ai trouvé le pays si beau que je m'y suis attaché et y suis resté. Je me suis adonné d'abord à la recherche des mines. On m'a proposé ensuite de prendre la direction de cette mine d'antimoine. » — « Qu'entendez-vous par là? Est-ce vous qui avez tracé ce charmant chemin, fait cette charpente si solide, quoique couverte de chaume? » — « Mais oui. » — « C'est vous qui avez découvert et mis à nu ce filon d'antimoine et creusé ce puits? » — « Oui. » — « Mais où avez-vous appris tout cela? » — « Je suis élève de la Martinière. J'ai suivi les cours professionnels de cette école. Vous ne sauriez croire la quantité de choses qu'on apprend dans ces écoles. On nous donne une connaissance générale de chaque chose, au point que

dans n'importe quelle branche du commerce et de l'industrie où l'on se trouve'
avec quelques études spéciales et supplémentaîres, un bon élève peut toujours
se tirer d'affaire. »

Voilà donc un simple élève de l'école de la Martinière qui est à la tête d'une
mine au Tonkin, remplissant un rôle d'ingénieur et de chef d'entreprise, pouvant se faire un très bel avenir.

Inspiré par cet exemple, je suis heureux de saluer ici une des plus belles
institutions de Lyon, due à la générosité d'un Lyonnais, administrée et dirigée
avec tant de compétence et de dévouement, institution modèle, en un mot, que
tout le monde admire et nous envie.

Si je vous ai autant parlé des Lyonnais, Monsieur le Gouverneur, c'est que
je désire que vous leur gardiez tout votre souvenir et aidiez de tout votre
pouvoir à leur fortune.

Je bois à la santé et à la prospérité des Lyonnais au Tonkin. *(Vifs applaudissements.)*

M. de LANESSAN, répondant au toast de M. U. PILA, s'exprime
ainsi :

Je ne puis exprimer qu'un regret, c'est d'être Bordelais. Dans cette
circonstance, je ne pourrais qu'associer la Gironde, la Garonne, la
Dordogne sur les bords de laquelle je suis né, au Rhône et à la Saône.

Vous avez dit que « vouloir c'est pouvoir ». Vous avez voulu, vous
pourrez. Et quant à moi, je vous promets de vous aider dans toute la
mesure des pouvoirs qui m'ont été confiés.

Tout à l'heure vous disiez que j'avais prévu l'avenir il y a quatre ans.
Ce n'était pas bien difficile. Vous avez donné le secret de ma prédiction.
Je venais des Indes Anglaises où j'avais constaté tous les efforts du
Gouvernement britanique. Depuis 1867, époque où le pays a été rétro-
cédé par la Compagnie des Indes, après la révolte des Cipayes, ces efforts
avaient été dirigés dans ce sens : faire le moins d'administration publique
possible. Faire le plus de travaux publics possible.

Depuis cette époque, l'Angleterre est allée pour ainsi dire en diminuant
sans cesse, le nombre des fonctionnaires européens. Mais pendant qu'elle
diminuait les frais de l'administration, elle a construit vingt mille kilomètres de chemins de fer que j'ai parcourus, presque d'un bout à l'autre,
je dois en faire l'aveu. Je voulais les connaître : il n'y a selon moi pas de
meilleur moyen.

L'Angleterre a dépensé près d'un milliard en canaux d'irrigation. Elle a couvert l'Inde de routes aussi belles que les plus belles routes de France. Elle a multiplié, à l'infini en quelque sorte, les moyens de communications. Aussi a-t-elle vu se développer dans des proportions énormes les cultures de toute espèce et des cultures qui ne sont pas toujours aussi faciles qu'on peut le croire en France. Dans le Pundjab, par exemple, j'ai fait des kilomètres et des kilomètres, des lieues et des lieues à travers des champs de blé qu'on arrose avec de l'eau de puits. D'un bout de la journée à l'autre, et toute la nuit, il y a sans cesse des gens qui puisent de l'eau dans ces puits et la versent dans les sillons afin d'arroser le blé. Il y a là un travail énorme et de grands frais de culture, mais ensuite grâce aux routes et chemins de fer, le blé peut se transporter à bas prix dans les ports de Kurrachee et de Bombay, d'où il vient jusque sur les marchés de Marseille et de Dunkerque. Voilà ce qu'a fait l'Angleterre.

Je voyais faire le contraire en Indo-Chine; je voyais des millions dépensés par des fonctionnaires superflus, et les travaux publics réduits à ceci : on payait les fonctionnaires pour les faire, mais il ne restait plus d'argent pour les exécuter. *(Sourires.)*

Je disais qu'avec un pareille système de colonisation il était impossible d'aller bien loin, et je vous l'avouais en toute sincérité, à vous M. Pila qui aviez des intérêts là-bas.

Eh! bien Messieurs, ce que je me propose de faire avec les pouvoirs qui me sont conférés, c'est de dépenser le plus d'argent possible en travaux publics parce que les travaux publics utiles sont le seul moyen au monde de développer la richesse des nations.

Pour exécuter des travaux publics, vous m'apporterez des capitaux.

Vous avez dit que « vouloir c'est pouvoir » ; vouloir avoir des capitaux, M. Pila, c'est pouvoir en trouver. Vous me les apporterez et je vous ferai de beaux chemins de fer, de superbes canaux à l'aide desquels on pourra communiquer d'un bout à l'autre de l'Indo-Chine, enrichir ces vingt millions d'habitants et leur permettre, en consommant davantage, de grossir le budget par un impôt plus fort.

Voilà la politique qu'il faut suivre. J'y apporterai tout mon dévouement.

J'ai rompu tout lien avec des électeurs qui, il y a quelques jours encore, me donnaient la marque d'affection la plus vive que jamais aucun député ait reçue de ses électeurs. J'ai rompu ces liens.

Je m'en vais avec la résolution absolue de ne revenir que quand j'aurai fait la preuve de mon impuissance, ou la preuve que ce pays peut se gouverner comme les autres pays, et s'enrichir comme les autres pays du monde. *(Applaudissements.)* Je vais avec la volonté; c'est vous qui me donnerez le courage.

Laissez-moi terminer en remerciant M. Pila du toast qu'il a porté en l'honneur de la compagne qui me suit dans la mission que je vais remplir. Mme de Lanessan m'a toujours accompagné dans les voyages que j'ai faits à travers le monde depuis dix-huit ans et elle m'a toujours aidé dans tous mes travaux. C'est une force, c'est une bien grande force que celle de l'affection qu'on emporte avec soi!... *(Applaudissements.)*

J'ai aussi pour m'aider dans ma tâche des amis qui travaillent avec moi depuis longtemps. L'un d'eux est mon ami Joyeux; il y a quinze ans que nous travaillons ensemble. J'aurai avec moi des collaborateurs comme le général Reste qui a fait ses preuves dans toutes les colonies, comme l'amiral Fournier qui a rendu en Indo-Chine de grands services...

Avec eux, nous voulons réussir, et avec votre concours nous sommes sûrs de réussir.

Je bois à l'Indo-Chine. Et en portant ce toast, je sais que j'en porte un à la France et à la République. *(Applaudissements.)*

M. Lavigne, adjoint à la Mairie de Lyon porte à son tour la santé de M. de Lanessan :

Messieurs,

Il faut que ce soit un véritable devoir pour la Municipalité que je représente en ce moment, pour que je prenne la parole. En le faisant, je rappellerai d'abord, et je suis heureux d'affirmer une fois de plus la solidarité qui existe entre la Municipalité et la Chambre de commerce.

L'attention que cette Chambre et le Conseil municipal donnent aux questions ouvrières n'a cessé de se manifester. Récemment encore, nous avons vu ce grand spectacle d'ouvriers groupés autour de vous pour la défense de la cause du commerce, de la cause des travailleurs lyonnais. Je suis heureux, je le répète, de constater une fois de plus cet accord.

Et maintenant au nom de la Municipalité, je salue en M. de Lanessan le haut Gouverneur général que son talent, ses inclinations, ses études désignaient tout naturellement au poste qui vient de lui être confié. Mais tout en lui souhaitant d'oublier la politique, je ne sais s'il pourra le faire, nous saluons aussi en lui le vieux républicain dont le patriotisme clairvoyant a su, dans l'intérêt du pays, découvrir les abus qui se commettaient là-bas.

Je bois à la santé de M. de Lanessan, au nouveau Gouverneur général qui, ayant découvert le mal, saura y porter remède.

A la santé de M. de Lanessan. *(Applaudissements.)*

M. DE LANESSAN se lève de nouveau :

MESSIEURS,

Jamais le Gouvernement de la République n'avait confié un si grand devoir à un civil. C'est à celui-ci que vous permettrez de porter un dernier toast :

Je bois à l'armée française. *(Applaudissements.)*

C'est par elle que je vaincrai les premières difficultés. *(Applaudissements.)*

LYON. — IMPRIMERIE PITRAT AÎNÉ, RUE GENTIL, 4